学校 - Szkoła 2
旅行 - Podróż 5
交通运输 - Transport 8
城市 - Miasto 10
地形 - Krajobraz 14
餐馆 - Restauracja 17
超市 - Supermarket 20
饮料 - Napoje 22
食物 - Jedzenie 23
农场 - Gospodarstwo chłopskie 27
房子 - Dom 31
客厅 - Pokój dzienny 33
厨房 - Kuchnia 35
浴室 - Łazienka 38
儿童房 - Pokój dziecięcy 42
衣服 - Ubiór 44
办公室 - Biuro 49
经济 - Gospodarka 51
职业 - Zawody 53
工具 - Narzędzia 56
乐器 - Instrumenty muzyczne 57
动物园 - Zoo 59
体育 - Sport 62
活动 - Działania 63
家 - Rodzina 67
身体 - Ciało 68
医院 - Szpital 72
紧急情况 - Nagły przypadek 76
地球 - Ziemia 77
钟表 - Zegar 79
周 - Tydzień 80
年 - Rok 81
形状 - Kształty 83
颜色 - Kolory 84
反义词 - Przeciwieństwa 85
数字 - Liczby 88
语言 - Języki 90
谁/什么/怎样 - kto / co / jak 91
方位 - gdzie 92

Impressum
Verlag: BABADADA GmbH, Nedderfeld 112 , 22529 Hamburg
Geschäftsführer / Verlagsleitung: Harald Hof
Druck: Books on Demand GmbH, In de Tarpen 42, 22848 Norderstedt

Imprint
Publisher: BABADADA GmbH, Nedderfeld 112 , 22529 Hamburg, Germany
Managing Director / Publishing direction: Harald Hof
Print: Books on Demand GmbH, In de Tarpen 42, 22848 Norderstedt, Germany

教室
Sala lekcyjna

除
dzielić

186/2

黑板
Tablica

校园
Dziedziniec szkolny

老师
Nauczyciel

纸
Papier

书写
pisać

钢笔
Pisak

办公桌
Biurko

直尺
Liniał

书
Książka

学生
Uczeń

书包

Plecak szkolny

铅笔盒

Piórnik

铅笔

Ołówek

卷笔刀

Temperówka

橡皮擦

Gumka do mazania

画板

Blok rysunkowy

图画

Rysunek

画笔

Pędzel

颜料盒

Pudełko z akwarelami

剪刀

Nożyce

胶水

Klej

练习册

Książka do ćwiczenia

家庭作业

Zadanie domowe

数字

Liczba

加

dodawać

减

odejmować

乘

mnożyć

计算

liczyć

字母

Litera

字母表

Alfabet

字

Słowo

课文

Tekst

读

czytać

粉笔

Kreda

上课

Godzina

登记

Dziennik lekcyjny

考试

Egzamin

证书

Świadectwo

校服

Mundurek szkolny

教育

Wykształcenie

百科全书

Leksykon

大学

Uniwersytet

显微镜

Mikroskop

地图

Mapa

废纸筐

Kosz na odpadki

青年旅社
Schronisko

酒店
Hotel

外币兑换处
Kantor wymiany walut

手提箱
Walizka

汽车
Auto

语言

Język

是/否

tak / nie

好的

OK

您好

Halo

翻译员

Tłumacz

谢谢

Dziękuję

……多少钱？

Ile kosztuje …?

我不明白

Nie rozumiem

问题

Problem

晚上好！

Dobry wieczór!

早上好！

Dzień dobry!

晚安！

Dobranoc!

再见

Do widzenia

方向

Kierunek

行李

Bagaż

包

Torba

双肩包

Plecak

客人

Gość

房间

Pokój

睡袋

Śpiwór

帐篷

Namiot

旅游信息

Informacja turystyczna

海滩

Plaża

信用卡

Karta kredytowa

早餐

Śniadanie

午餐

Obiad

晚餐

Kolacja

票

Bilet

电梯

Winda

邮票

Znaczek na list

边界

Granica

海关

Cło

大使馆

Ambasada

签证

Wiza

护照

Paszport

飞机
Samolot

船
Statek

消防车
Pojazd straży pożarnej

公交车
Autobus

卡车
Samochód ciężarowy

汽艇
Łódź motorowa

汽车
Auto

自行车
Rower

摆渡船

Prom

小船

Łódź

摩托车

Motocykl

警车

Radiowóz policyjny

赛车

Samochód wyścigowy

租车

Samochód wypożyczony

拼车

Wspólne przejazdy
samochodem

拖车

Samochód pomocy
drogowej

垃圾车

Śmieciarka

发动机

Silnik

汽油

Benzyna

加油站

Stacja benzynowa

交通标志

Znak drogowy

交通

Ruch

交通堵塞

Korek

停车场

Parking

火车站

Dworzec

轨道

Szyny

火车

Pociąg

电车

Tramwaj

货车

Wagon

直升机
Helikopter

机场
Lotnisko

塔
Wieża

乘客
Pasażer

集装箱
Kontener

纸板箱
Karton

手推车
Taczka

篮子
Kosz

起飞/降落
startować / lądować

城市
Miasto

村庄
Wieś

市中心
Centrum miasta

房子
Dom

电影院
Kino

广告
Reklama

路灯
Latarnia uliczna

街道
Ulica

出租车
Taksówka

小吃店
Kiosk

行人
Pieszy

人行道
Chodnik

十字路口
Skrzyżowanie

斑马线
Pasy dla pieszych

垃圾箱
Kubeł na śmieci

红绿灯
Lampa

CINEMA

小屋
Chata

公寓
Mieszkanie

火车站
Dworzec

市政厅
Ratusz

博物馆
Muzeum

学校
Szkoła

大学

Uniwersytet

银行

Bank

医院

Szpital

酒店

Hotel

药房

Apteka

办公室

Biuro

书店

Księgarnia

商店

Sklep

花店

Kwiaciarnia

超市

Supermarket

市场

Rynek

百货商店

Dom towarowy

鱼店

Sklep z rybami

购物中心

Centrum handlowe

海港

Port

公园

Park

长凳

Ławka

桥

Most

楼梯

Schody

地铁

Metro

隧道

Tunel

公交车站

Przystanek autobusowy

酒吧

Bar

餐馆

Restauracja

邮筒

Skrzynka na listy

路标

Tabliczka z nazwą ulicy

停车计时器

Parkometr

动物园

Zoo

游泳馆

Łaźnia

清真寺

Meczet

农场

Gospodarstwo chłopskie

污染

Zanieczyszczenie środowiska

墓地

Cmentarz

教堂

Kościół

操场

Plac zabaw

寺庙

Świątynia

地形
Krajobraz

树叶
Liść

指示牌
Drogowskaz

路
Droga

草地
Łąka

石头
Kamień

树
Drzewo

徒步旅行者
Wędrowiec

河
Rzeka

草
Trawa

花
Kwiat

峡谷

Dolina

山

Góra

湖

Jezioro

森林

Las

沙漠

Pustynia

火山

Wulkan

城堡

Zamek

彩虹

Tęcza

蘑菇

Grzyb

棕榈树

Palma

蚊子

Komar

苍蝇

Mucha

蚂蚁

Mrówka

蜜蜂

Pszczoła

蜘蛛

Pająk

甲虫
Chrząszcz

青蛙
Żaba

松鼠
Wiewiórka

刺猬
Jeż

野兔
Zając

猫头鹰
Sowa

鸟
Ptak

天鹅
Łabędź

野猪
Dzik

鹿
Jeleń

麋鹿
Łoś

水坝
Tama

风力发电机
Wiatrak

太阳能电池板
Moduł solarny

气候
Klimat

服务员
▶ Kelner

菜单
Menu

椅子
▶ Krzesło

汤
Zupa

披萨饼
Pizza

餐具
Sztućce

▶ 桌布
Obrus

前菜
Przystawka

主菜
Danie główne

甜点
Deser

饮料
Napoje

食物
Jedzenie

瓶子
Butelka

快餐

Fastfood

街边小吃

Streetfood

茶壶

Dzbanek na herbatę

糖盒

Cukierniczka

一份饭菜

Porcja

意式咖啡机

Zaparzarka do espresso

高脚椅

Krzesło dla dziecka

账单

Rachunek

托盘

Taca

刀

Nóż

餐叉

Widelec

勺子

Łyżka

茶匙

Łyżeczka

餐巾

Serwetka

玻璃杯

Szklanka

碟子
Talerz

汤盘
Talerz do zupy

碟子
Podstawek pod filiżankę

酱
Sos

盐瓶
Solniczka

胡椒磨
Młynek do pieprzu

醋
Ocet

食用油
Olej

调味料
Przyprawy

番茄酱
Keczup

芥末
Musztarda

蛋黄酱
Majonez

特价
Oferta

顾客
Klient

乳制品
Produkty mleczne

水果
Owoce

购物车
Wózek sklepowy

肉铺
Rzeźnia

面包房
Piekarnia

称重
ważyć

蔬菜
Warzywa

肉
Mięso

冷冻食品
Mrożonki

冷盘
Wędliny

罐头食品
Konserwy

洗衣粉
Proszek m do prania

甜食
Słodycze

日用品
Artykuły użytku domowego

清洁用品
Środek czyszczący

销售员
Sprzedawczyni

收银机
Kasa

收银员
Kasjer

购物清单
Lista zakupów

开放时间
Godziny otwarcia

钱包
Portfel

信用卡
Karta kredytowa

袋子
Torba

塑料袋
Torebka plastikowa

水

Woda

果汁

Sok

牛奶

Mleko

可乐

Cola

红酒

Wino

啤酒

Piwo

酒

Alkohol

可可

Kakao

茶

Herbata

咖啡

Kawa

意式浓缩咖啡

Espresso

卡布奇诺

Cappuccino

香蕉

Banan

苹果

Jabłko

橙子

Pomarańcza

西瓜

Arbuz

柠檬

Cytryna

胡萝卜

Marchew

大蒜

Czosnek

竹子

Bambus

洋葱

Cebula

蘑菇

Grzyb

坚果

Orzcchy

面条

Makaron

意大利面条

Spaghetti

米饭

Ryż

沙拉

Sałatka

薯条

Frytki

炸土豆

Ziemniaki pieczone

披萨饼

Pizza

汉堡包

Hamburger

三明治

Kanapka

炸猪排

Sznycel

火腿

Szynka

萨拉米

Salami

香肠

Kiełbasa

鸡肉

Kura

烤肉

Pieczeń

鱼

Ryba

燕麦片

Płatki owsiane

穆兹利

Musli

玉米片

Płatki kukurydziane

面粉

Mąka

羊角面包

Croissant

面包卷

Bułka

面包

Chleb

烤面包

Toast

饼干

Ciastka

黄油

Masło

凝乳

Twarożek

蛋糕

Ciasto

蛋

Jajko

煎蛋

Jajko sadzone

奶酪

Ser

冰激凌

Lody

糖

Cukier

蜂蜜

Miód

果酱

Marmolada

巧克力酱

Krem nugatowy

咖喱饭

Curry

Gospodarstwo chłopskie

农舍
▶ Dom rolnika

粮仓
▶ Stodoła

稻草捆
▶ Baloty słomy

田野
▶ Pole

马
▶ Koń

拖车
▶ Przyczepa

马驹
▶ Żrebię

拖拉机
▶ Traktor

驴
▶ Osioł

羊
▶ Owca

羔羊
▶ Jagnię

山羊

Koza

奶牛

Krowa

牛犊

Cielę

猪

Świnia

小猪

Prosię

公牛

Byk

鹅

Gęś

鸭

Kaczka

小鸡

Kurczątko

母鸡

Kura

公鸡

Kogut

鼠

Szczur

猫

Kot

老鼠

Mysz

牛

Osioł

狗

Pies

狗屋

Buda dla psa

花园浇水软管

Wąż ogrodowy

洒水壶

Konewka

长柄大镰刀

Kosa

犁

Pług

镰刀

Sierp

锄头

Graca

长柄草耙

Widły

斧头

Siekiera

独轮手推车

Taczka

饲料槽

Koryto

牛奶罐

Kanka na mleko

麻布袋

Worek

栅栏

Płot

马厩

Stajnia

温室

Szklarnia

土壤

Ziemia

种子

Nasiona

肥料

Nawóz

联合收割机

Kombajn zbożowy

收割

zbierać

收割

Żniwa

山药

Podchrzyn

小麦

Pszenica

大豆

Soja

土豆

Ziemniak

玉米

Kukurydza

油菜籽

Rzepak

果树

Drzewo owocowe

树薯

Maniok

谷物

Zboże

烟囱
Komin

屋顶
Dach

落水管
Rynna deszczowa

窗户
Okno

车库
Garaż

门铃
Dzwonek

门
Drzwi

垃圾桶
Wiaderko na śmieci

信箱
Skrzynka na listy

花园
Ogród

客厅

Pokój dzienny

浴室

Łazienka

厨房

Kuchnia

卧室

Sypialnia

儿童房

Pokój dziecięcy

餐厅

Jadalnia

地板
Ziemia

墙壁
Ściana

吊顶
Koc

地窖
Piwnica

桑拿
Sauna

阳台
Balkon

露台
Taras

游泳池
Basen

割草机
Kosiarka do trawy

被单
Poszwa

床罩
Kołdra

床
Łóżko

扫帚
Miotła

水桶
Wiadro

开关
Włącznik

壁纸
Tapeta

照片
Obraz

台灯
Lampa

搁架
Regał

橱柜
Szafa

电视机
Telewizor

壁炉
Komin

花
Kwiat

垫子
Poduszka

沙发
Kanapa

花瓶
Wazon

遥控器
Pilot

地毯

Dywan

窗帘

Zasłona

餐桌

Stół

椅子

Krzesło

摇椅

Bujak

扶手椅

Fotel

书

Książka

毯子

Sufit

装饰品

Dekoracja

木柴

Drewno kominkowe

电影

Film

高保真音响

Instalacja stereo

钥匙

Klucz

报纸

Gazeta

油画

Malunek

海报

Plakat

收音机

Radio

笔记本

Notatnik

吸尘器

Odkurzacz

仙人掌

Kaktus

蜡烛

Świeczka

冰箱
Lodówka

微波炉
Kuchenka mikrofalowa

厨房秤
Waga kuchenna

烤面包机
Toster

洗洁精
Środek czyszczący

冰柜
Przegródka zamrażalnika

烤箱
Piekarnik

垃圾桶
Wiaderko na śmieci

洗碗机
Zmywarka do naczyń

炊具
Kuchenka

锅
Garnek

铸铁锅
Kocioł żeliwny

炒锅
Wok / Kadai

平底锅
Patelnia

水壶
Czajnik

蒸锅

Parowar

烤盘

Blacha do pieczenia

陶瓷锅

Naczynia kuchenne

马克杯

Kubek

碗

Miska

筷子

Pałeczki

长柄勺

Nabierka

铲子

Łopatka do smażenia

搅拌器

Trzepaczka do śmietany

滤网

Cedzak

筛子

Sitko

磨碎机

Tarka

研钵

Moździerz

烧烤

Grillowanie

明火

Palenisko

菜板

Deska

擀面杖

Wałek do ciasta

开瓶器

Korkociąg

罐子

Puszka

开罐器

Otwieracz do puszek

隔热手套

Ściereczka do trzymania garnka

水槽

Umywalka

刷子

Szczotka

海绵

Gąbka

搅拌机

Mikser

冷藏箱

Zamrażarka

奶瓶

Butelka dla niemowlęcia

水龙头

Kran

供暖设备
Ogrzewanie

淋浴
Prysznic

毛巾
Ręcznik

浴帘
Kotara prysznicowa

泡沫浴
Płyn do kąpieli

浴缸
Wanna kąpielowa

玻璃杯
Szklanka

洗衣机
Pralka

瓷砖
Kafelki

水龙头
Kran

便壶
Nocnik

水槽
Umywalka

厕所

Toaleta

蹲便器

Toaleta kuczna

坐浴器

Bidet

小便池

Pisuar

厕纸

Papier toaletowy

马桶刷

Szczotka toaletowa

牙刷

Szczoteczka do zębów

牙膏

Pasta do zębów

牙线

Nitki do czyszczenia zębów

洗

myć

手持式喷淋头

Głowica prysznicowa

冲洗器

Płyn kąpielowy do higieny intymnej

洗脸盆

Miska do mycia

擦背刷

Szczotka kąpielowa

肥皂

Mydło

沐浴露

Żel prysznicowy

洗发水

Szampon

法兰绒

Rękawica kąpielowa

排水

Odpływ

乳霜

Krem

除臭剂

Dezodorant

镜子

Lustro

手镜

Lustro kosmetyczne

剃须刀

Golarka

剃须泡沫

Pianka do golenia

须后水

Woda po goleniu

梳子

Grzebień

刷子

Szczotka

吹风机

Suszarka do włosów

喷发定型剂

Spray do włosów

化妆品

Makijaż

唇膏

Pomadka

指甲油

Lakier do paznokci

化妆棉

Wata

指甲剪

Nożyczki do paznokci

香水

Perfum

洗漱包

Kosmetyczka

凳子

Taboret

计重秤

Waga

浴袍

Szlafrok kąpielowy

橡胶手套

Rękawice gumowe

卫生棉条

Tampon

卫生巾

Podpaska damska

化学厕所

Toaleta chemiczna

闹钟
Budzik

毛绒玩具
Pluszowa przytulanka

玩具车
Samochodzik

玩具屋
Domek dla lalek

礼物
Prezent

拨浪鼓
Grzechotka

气球

Balon

床

Łóżko

（洋娃娃用）婴儿车

Wózek dziecięcy

扑克牌

Gra w karty

拼图

Puzzle

漫画

Komiks

乐高积木

Klocki lego

积木玩具

Klocki

玩具人

Action figura

婴儿服

Śpioszek dziecięcy

飞盘

Frisbee

床铃玩具

Zabawki ruchome

棋盘游戏

Gra planszowa

骰子

Kości

火车模型

Kolejka elektryczna

安抚奶嘴

Smoczek

聚会

Przyjęcie

绘本

Książka z ilustracjami

球

Piłka

洋娃娃

Lalka

玩

bawić się

沙坑

Piaskownica

秋千

Huśtawka

玩具

Zabawki

游戏机

Konsola do gier

三轮车

Rowerek trójkołowy

泰迪熊

Pluszowy miś

衣柜

Szafa ubraniowa

衣服

Ubiór

袜子

Skarpety

长袜

Pończochy

紧身裤

Rajstopy

围巾
Szal

雨伞
Parasol

T恤
T-Shirt

皮带
Pasek

靴子
Kozaki

拖鞋
Pantofle domowe

运动鞋
Obuwie sportowe

凉鞋
Sandały

鞋
Buty

雨靴
Kalosze

内裤
Majtki

胸罩
Biustonosz

背心
Podkoszulek

身体

Body

裤子

Spodnie

牛仔裤

Dżins

短裙

Spódnica

女式衬衫

Bluzka

衬衫

Koszula

套头衫

Pulower

卫衣

Bluza sportowa

西装夹克

Marynarka

夹克

Kurtka

外套

Płaszcz

雨衣

Płaszcz przeciwdeszczowy

套装

Kostium

连衣裙

Sukienka

婚纱

Suknia ślubna

西裝
Garnitur męski

睡袍
Koszula nocna

睡衣
Piżama

莎丽
Sari

头巾
Chusta na głowę

包头巾
Turban

波卡
Burka

卡夫坦
Kaftan

(阿拉伯式)长袍长袍
Abaya

泳衣
Strój kąpielowy

男式泳裤
Kąpielówki

短裤
Krótkie spodnie

运动服
Dres sportowy

围裙
Fartuch

手套
Rękawiczki

纽扣

Guzik

眼镜

Okulary

手链

Bransoletka

项链

Łańcuszek

戒指

Pierścionek

耳环

Kolczyk

便帽

Czapka

衣架

Wieszak

帽子

Kapelusz

领带

Krawat

拉链

Zamek błyskawiczny

头盔

Kask

背带

Szelki

校服

Mundurek szkolny

制服

Mundur

围兜
Śliniaczek

安抚奶嘴
Smoczek

尿不湿
Pieluszka

服务器
Serwer

文件柜
Szafa na akta

打印机
Drukarka

显示屏
Monitor

纸
Papier

鼠标
Mysz

办公桌
Biurko

文件夹
Segregator

键盘
Klawiatura

椅子
Krzesło

废纸篓
Kosz na odpadki

电脑
Komputer

咖啡杯
Filiżanka do kawy

计算器
Kalkulator

因特网
Internet

笔记本电脑
Laptop

信件
List

消息
Wiadomość

手机
Komórka

网络
Sieć

复印机
Kopiarka

软件
Oprogramowanie

电话
Telefon

插座
Gniazdko

传真机
Faks

表格
Formularz

文件
Dokument

买

kupić

付钱

płacić

交易

postępować

现金

Pieniądze

美元

Dolar

欧元

Euro

日元

Jen

卢布

Rubel

瑞士法郎

Frank

人民币

Juan Renminbi

卢比

Rupia

提款处

Bankomat

外币兑换处
Kantor wymiany walut

金
Złoto

银
Srebro

石油
Olej

能源
Energia

价格
Cena

合同
Umowa

税金
Podatek

股票
Akcja

工作
pracować

职员
Pracownik umysłowy

老板
Pracodawca

工厂
Fabryka

商店
Sklep

警官
Policjant

消防员
Strażak

厨师
Kucharz

医生
Lekarz

飞行员
Pilot

园丁
Ogrodnik

木匠
Stolarz

裁缝
Krawcowa

法官
Sędzia

化学家
Chemik

演员
Aktor

公交车司机

Kierowca autobusu

出租车司机

Taksówkarz

渔夫

Fischer

清洁女工

Sprzątaczka

屋顶工

Dekarz

服务员

Kelner

猎人

Myśliwy

画家

Malarz

面包师

Piekarz

电工

Elektryk

建筑工人

Robotnik budowlany

工程师

Inżynier

屠夫

Rzeźnik

水管工

Instalator

邮递员

Listonosz

士兵

Żołnierz

建筑师

Architekt

收银员

Kasjer

花农

Florysta

理发师

Fryzjer

售票员

Konduktor

机械师

Mechanik

船长

Kapitan

牙医

Dentysta

科学家

Naukowiec

拉比

Rabin

伊玛目

Imam

和尚

Mnich

牧师

Proboszcz

铁锤
Młotek

钳子
Szczypce

螺丝刀
Wkrętak

扳手
Klucz do śrub

手电筒
Latarka

挖掘机

Koparka

工具箱

Skrzynka narzędziowa

梯子

Drabina

锯子

Piła

钉子

Gwoździe

钻机

Wiertło

修
....
naprawić

铲子
....
Łopatka

靠！
....
Cholera!

簸箕
....
Szufelka

油漆桶
....
Puszka z farbą

螺丝
....
Śruby

乐器

Instrumenty muzyczne

扬声器
Głośnik

打击乐器
Perkusja

吉他
Gitara

低音提琴
Kontrabas

小号
Trąbka

钢琴

Pianino

小提琴

Skrzypce

贝斯

Bas

定音鼓

Kotły

鼓

Bęben

电子琴

Keyboard

萨克斯管

Saksofon

长笛

Flet

麦克风

Mikrofon

老虎
Tygrys

入口
Wejście

笼子
Klatka

斑马
Zebra

动物饲料
Pasza

熊猫
Panda

动物
Zwierzęta

大象
Słoń

袋鼠
Kangur

犀牛
Nosorożec

大猩猩
Goryl

熊
Niedźwiedź

骆驼

Wielbłąd

鸵鸟

Struś

狮子

Lew

猴子

Małpa

火烈鸟

Fleming

鹦鹉

Papuga

北极熊

Niedźwiedź polarny

企鹅

Pingwin

鲨鱼

Rekin

孔雀

Paw

蛇

Wąż

鳄鱼

Krokodyl

动物园管理员

Dozorca w zoo

海豹

Foka

美洲豹

Jaguar

矮种马

Kucyk

豹

Gepard

河马

Hipopotam

长颈鹿

Żyrafa

老鹰

Orzeł

野猪

Dzik

鱼

Ryba

龟

Żółw

海象

Mors

狐狸

Lis

羚羊

Gazela

橄榄球
Futbol amerykański

骑自行车
Kolarstwo

网球
Tenis

篮球
Koszykówka

游泳
Pływanie

拳击
Boks

冰球
Hokej na lodzie

英式足球
Piłka nożna

羽毛球
Badminton

田径
Lekka atletyka

手球
Piłka ręczna

滑雪
Narciarstwo

马球
Polo

跳
skakać

拥抱
objąć

笑
śmiać się

走路
iść

唱
śpiewać

祈祷
modlić się

亲吻
całować

做梦
marzyć

书写
pisać

画
rysować

展示
pokazywać

推
nacisnąć

给
dać

拿
wziąć

有
mieć

做
robić

当
być

站
stać

跑
biegać

拉
ciągnąć

扔
rzucać

摔倒
spaść

躺
leżeć

等待
czekać

携带
nosić

坐
siedzieć

穿衣
zakładać

睡觉
spać

醒来
budzić się

看
spojrzeć

哭
płakać

抚摸
głaskać

梳头
czesać się

交谈
mówić

明白
rozumieć

问
pytać

听
słyszeć

喝
pić

吃
jeść

清理
sprzątać

爱
kochać

做饭
gotować

开车
jechać

飞
latać

活动 - Działania

航行

żeglować

计算

liczyć

读

czytać

学习

uczyć się

工作

pracować

结婚

wejść w związek małżeński

缝

szyć

刷牙

myć zęby

杀

zabić

抽烟

palić tytoń

寄

wysłać

祖母
Babcia

祖父
Dziadek

父亲
Ojciec

母亲
Matka

婴童
Niemowlę

女儿
Córka

儿子
Syn

客人

Gość

阿姨

Ciotka

叔叔

Wujek

兄弟

Brat

姐妹

Siostra

前额
Czoło

眼睛
Oko

肩膀
Ramię

手指
Palec

脸
Twarz

下巴
Broda

手
Ręka

乳房
Pierś

腿
Noga

手臂
Ramię

婴童

Niemowlę

男人

Mężczyzna

女人

Kobieta

女孩

Dziewczyna

男孩

Chłopiec

头

Głowa

背部

Plecy

肚子

Brzuch

肚脐

Pępek

脚趾

palec nogi

脚后跟

Pięta

骨头

Kość

臀部

Biodro

膝盖

Kolano

手肘

Łokieć

鼻子

Nos

屁股

Pośladki

皮肤

Skóra

脸颊

Policzek

耳朵

Uszy

嘴唇

Warga

身体 - Ciało

嘴

Usta

牙齿

Ząb

舌头

Język

脑

Mózg

心脏

Serce

肌肉

Mięsień

肺

Płuca

肝脏

Wątroba

胃

Żołądek

肾脏

Nerki

性交

Stosunek płciowy

避孕套

Kondom

卵子

Komórka jajowa

精子

Sperma

怀孕

Ciąża

月经

Menstruacja

阴道

Wagina

阴茎

Penis

眉毛

Brew

头发

Włosy

脖子

Szyja

医院
Szpital

救护车
Karetka pogotowia

轮椅
Wózek inwalidzki

骨折
Złamanie

医生

Lekarz

急诊室

Izba przyjęć

护士

Pielęgniarka

紧急情况

Nagły przypadek

昏迷

nieprzytomny

痛

Ból

受伤
Skaleczenie

出血
Krwawienie

心脏病发作
Zawał serca

中风
Udar mózgu

过敏
Alergia

咳嗽
Kaszleć

发烧
Gorączka

流感
Grypa

腹泻
Biegunka

头痛
Ból głowy

癌症
Rak

糖尿病
Cukrzyca

外科医生
Chirurg

手术刀
Skalpel

手术
Operacja

CT

CT

X光

Rentgen

超声波

Ultradźwięki

口罩

Maska

疾病

Choroba

候诊室

Poczekalnia

拐杖

Kula

石膏

Plaster

绷带

Opatrunek

注射

Iniekcja

听诊器

Stetoskop

担架

Nosze

体温计

Termometr

出生

Poród

超重

Nadwaga

助听器

Aparat słuchowy

消毒液

Środek dezynfekcyjny

感染

Infekcja

病毒

Wirus

艾滋病

HIV / AIDS

药物

Medycyna

接种疫苗

Szczepienie

药片

Tabletki

药丸

Pigułka

急救电话

Telefon ratunkowy

血压计

Ciśnieniomierz krwi

生病/健康

chory / zdrowy

救命！

Pomocy!

警报

Alarm

突击

Napad

攻击

Atak

危险

Niebezpieczeństwo

紧急出口

Wyjście awaryjne

着火啦！

Pożar!

灭火器

Gaśnica

意外

Wypadek

急救箱

Walizeczka pierwszej
pomocy

呼救信号

SOS

警察

Policja

欧洲

Europa

北美洲

Ameryka Północna

南美洲

Ameryka Południowa

非洲

Afryka

亚洲

Azja

澳洲

Australia

大西洋

Atlantyk

太平洋

Pacyfik

印度洋

Ocean Indyjski

南冰洋

Ocean Antarktyczny

北冰洋

Ocean Arktyczny

北极

Biegun północny

南极

Biegun południowy

南极洲

Antarktyda

地球

Ziemia

陆地

Kraj

海

Morze

岛

Wyspa

国家

Naród

国家

Państwo

钟面

Cyferblat

时针

Wskazówka godzinowa

分针

Wskazówka minutowa

秒针

Wskazówka sekundowa

现在几点？

Która godzina?

天

Dzień

时间

Czas

现在

teraz

电子表

Zegarek digitalny

分

Minuta

时

Godzina

周

Tydzień

周一 Poniedziałek
周三 Środa
周五 Piątek
周二 Wtorek
周六 Sobota
周四 Czwartek
周日 Niedziela

昨天

wczoraj

今天

dzisiaj

明天

jutro

早晨

Rano

中午

Południe

晚上

Wieczór

工作日

Dni robocze

周末

Weekend

雨
Deszcz

彩虹
Tęcza

风
Wiatr

雪
Śnieg

春
Wiosna

夏
Lato

秋
Jesień

冬
Zima

天气预报

Prognoza pogody

温度计

Termometr

阳光

Światło słoneczne

云

Chmura

雾

Mgła

潮湿

Wilgotność powietrza

闪电

Błyskawica

打雷

Grzmot

风暴

Sztorm

冰雹

Grad

季风

Monsun

洪水

Potop

冰

Lód

一月

Styczeń

二月

Luty

三月

Marzec

四月

Kwiecień

五月

Maj

六月

Czerwiec

七月

Lipiec

八月

Sierpień

九月
....
Wrzesień

十月
....
Październik

十一月
....
Listopad

十二月
....
Grudzień

形状

Kształty

圆形
....
Koło

正方形
....
Kwadrat

长方形
....
Prostokąt

三角形
....
Trójkąt

球体
....
Kula

立方体
....
Sześcian

白

biały

黄

żółty

橙

pomarańczowy

粉

różowy

红

czerwony

紫

liliowy

蓝

niebieski

绿

zielony

棕

brązowy

灰

szary

黑

czarny

很多/少许

dużo / mało

生气/平静

wściekły / spokojny

美/丑

piękny / brzydki

首/尾

początek / koniec

大/小

duży / mały

明/暗

jasny / ciemny

兄弟/姐妹

brat / siostra

干净/肮脏

czysty / brudny

完整/缺失

kompletny / niekompletny

白天/晚上

dzleń / noc

死/生

umarły / żywy

宽/窄

szeroki / wąski

可食用/非食用

jadalny / niejadalny

邪恶/善良

zły / uprzejmy

兴奋/无聊

podniecony / znudzony

胖/瘦

gruby / chudy

第一/最后

najpierw / na końcu

朋友/敌人

przyjaciel / wróg

满/空

pełen / pusty

硬/软

twardy / miękki

重/轻

ciężki / lekki

饿/渴

głód / pragnienie

生病/健康

chory / zdrowy

非法/合法

nielegalny / legalny

聪明/愚笨

inteligentny / głupi

左/右

lewo / prawo

近/远

bliski / daleki

新/旧

nowy / używany

没有/有些

nic / coś

老/幼

stary / młody

开/关

włącz / wyłącz

打开/合上

otwarty / zamknięty

安静/吵闹

cichy / głośny

富/穷

bogaty / biedny

对/错

prawidłowy / błędny

粗糙/光滑

chropowaty / gładki

伤心/高兴

smutny / szczęśliwy

短/长

krótki / długi

慢/快

powolny / szybki

湿/干

mokry/suchy

温暖/凉爽

ciepły / chłodny

战争/和平

wojna / pokój

Liczby

0	**1**	**2**
零	一	二
zero	jeden	dwa
3	**4**	**5**
三	四	五
trzy	cztery	pięć
6	**7**	**8**
六	七	八
sześć	siedem	osiem
9	**10**	**11**
九	十	十一
dziewięć	dziesięć	jedenaście

12

十二

dwanaście

13

十三

trzynaście

14

十四

czternaście

15

十五

piętnaście

16

十六

szesnaście

17

十七

siedemnaście

18

十八

osiemnaście

19

十九

dziewiętnaście

20

二十

dwadzieścia

100

百

sto

1.000

千

tysiąc

1.000.000

百万

milion

英语

Angielski

美式英语

Angielski amerykański

普通话

Chiński mandaryński

印地语

Hindi

西班牙语

Hiszpański

法语

Francuski

阿拉伯语

Arabski

俄语

Rosyjski

葡萄牙语

Portugalski

孟加拉语

Bengalski

德语

Niemiecki

日语

Japoński

我

ja

你

ty

他/她/它

on / ona / ono

我们

my

你们

wy

他们

oni

谁？

kto?

什么？

co?

怎样？

jak?

哪里？

gdzie?

什么时候？

kiedy?

名字

Nazwisko

后面

za

里面

w

前面

przed

上方

powyżej

上面

na

下面

pod

旁边

obok

中间

między

地点

Miejsce